AF603001

Par de Serré, d'après Barbier.

A LA MUSIQUE.

CHANT PREMIER.

Vous verrai-je toûjours d'un esprit prevenu
Blâmer un goût Damis, à vous même inconnu?
Transporté de colere au seul nom de Cantates,
De nouveaux Operas, de Motets, de Sonates,
Vous devenez l'effroi des modernes Auteurs,
Et rien ne peut contr'eux moderer vos fureurs.
Quoi quitter, dites vous, dans leur verve insensée
La Routte par Lully si sagement tracée?
De l'Art harmonieux, il donna des leçons.
Il sçut à nôtre Langue accommoder les sons.
Jamais on ne le vit plein d'une folle audace
Par des chants denuez ou de force, ou de grace
D'un vers trop repeté rompre la liaison,
Ou sur le même mot voltiger sans raison.
Loin de nous ces Autheurs dont la fiere Italie
Etale vainement la savante folie,
Chez eux tout est extrême & jamais le bon sens
Ne regla leurs desseins ou trop vifs ou trop lents.
Leur Sonate à Lully n'eût paru qu'un caprice,
Propre à former la main par un vif exercice,
De sons impetueux un bizarre cahos
Qui sans toucher le cœur en trouble le repos.
Que n'eût point dans ce genre enfanté son genie
S'il n'en eût dedaigné la frivole manie?
Son goût nous doit servir de modele & de loi,
Lully seul en un mot a des charmes pour moi.

Reverons j'y consens son Art & sa memoire
D'un siécle florissant il étendit la gloire,
Sage dispensateur des harmoniques loix
Il fonda la grandeur du Théatre François;
Que sur le double mont il ait le rang suprême,
Mais le respect qu'inspire une beauté qu'on aime
A-t'il droit d'attirer d'injurieux mépris
A toute autre beauté qui peut avoir son prix?
Non non, dispensez mieux vôtre amour, vôtre haine,
Que la droite raison soit vôtre loi certaine,
Et sans vous prevenir contr' un Auteur nouveau,
Pesez ce qu'un Ouvrage a de foible ou de beau,

Chez nos simples ayeux une Muse sauvage
Du chant tendre & touchant ne connut point l'usage;
Des moindres libertez scrupuleux ennemis,
D'un Art dur & sterile esclaves trop soumis,
Les Auteurs ignoroient l'effort de l'harmonie;
Un Contrepoint forcé resserroit leur genie,
Les Cantiques sacrés, les Plaintes des Amants
Languissoient sous le poids des plus lourds mouvemens;
Tels furent de Lassus (a) les Ouvrages antiques,
Des jeune & vieux Claudin les Ballades gotiques,
Les Trio d'Aucouteaux sur les vers de Mathieu
Où les mots surannez placez hors de leur lieu
Immolant la Raison aux plus barbares rimes
Etallent follement de pieuses maximes.
Boillet fut le premier qui le siecle passé
Composa des Chansons d'un stile plus sensé;
De traits passionnez il peignit la tendresse
Dans les Bachiques Jeux il sema l'allégresse.
Le Camus pour seduire & le cœur & les sens
N'exhala que des Airs plaintifs & gemissants,
Et des tendres oiseaux empruntant le langage
De ses nouveaux printemps introduisit l'usage.
Lambert qui les suivit sur un ton doucereux
Dans le bel Art du chant les surpassa tous deux,

Il

(a) *Orland Lasso Italien etably en France.*

Il fit porter des sons conduits avec prudence,
Apprit à soutenir & battre la Cadence;
Par des Doubles frequents il exerça la voix,
Il la sçut rendre ferme & legere à la fois.
Mais ainsi qu'au deffaut de beauté naturelle
Des charmes imposteurs font briller une belle,
Ses Airs n'ont ébloui que par un chant fardé,
Sur l'Art de les chanter tout leur prix est fondé;
La Basse n'est jamais juste ni reguliere,
Ses Doubles sont marquez à la même maniere,
Et malgré son recueil que Ballard vendit cher,
Phoebus a décidé qu'il n'avoit fait qu'un Air.

Tel fut le goût François dans son adolescence,
Lors que pour relever l'harmonique science
Le Dieu du sacré Mont fit naître un favory (a)
Aux bords Etruriens par les Muses nourry,
Qui plein de leurs transports guidé par Polymnie (b)
Fit éclater le feu de son rare genie.
Un instrument fécond (c) jusqu'alors avily
Sous sa brillante main fut bientôt annobly.
Des les premiers essais de sa veine fertile
De l'éclat de ses sons il éblouit la ville,
Et produisit enfin à la Cour de Loüis
Dans l'Art de composer ses talens inouis.

La Cour superbe alors dans sa saison fleurie
Goûtoit les doux attraits de la galanterie,
De naissantes beautés attiroient chaque jour
Des fêtes à l'Himen ou des jeux à l'amour.
Un Roi jeune, puissant & tout couvert de gloire,
Sans cesse couronné des mains de la victoire,
Pour délasser son bras de ses travaux guerriers
Dans le sein de l'Amour dormoit sous ses lauriers.
Ses combats, ses plaisirs, ses galantes conquêtes
Donnoient un vaste champ à d'éclatantes fêtes,

 Ba-

(a) *Lully.* (b) *Muse de la Musique.* (c) *Le Violon.*

Batiſte oſa former l'ambitieux projet
D'exprimer par des chants un tragique ſujet,
Et paré le premier du Cothurne lyrique
Apprît à déclamer & parler en Muſique.
Polymnie en fremit, Dieux! Dit elle en Courroux!
Qu'entreprend cet ingrat, de ma gloire jaloux?
Eſt-ce par ton aveu, Phoebus que Melpomène
Veut s'aſſervir mes ſons pour briller ſur la ſcêne.
Pretend elle uſurpant de tiranniques droits
Malgré moi me forcer à lui prêter ma voix?
Mais quel mépris, ô Ciel! quelles ſcênes groteſques
Font retentir les airs de mille ſons burleſques;
Quoi, Momus, aiguiſant ſes ſatyriques traits
Oze défigurer mes lyriques attraits!
Apollon l'entendit; mais ſa plainte fut vaine,
Par Lully Polymnie unie à Melpomène,
Avec mille ornemens étala ſous nos yeux
Un divertiſſement comique ou ſerieux.
Tels ſont Cariſelly, Venus, la Serenade,
Coronis, Pourceaugnac, Bachus, la Maſcarade,
De ces premiers Ballets l'inſipide action
Fit languir les recits vuides d'expreſſion;
Un Art plus animé brillant dans le Comique
De traits ingenieux frape, étincelle, pique,
J'aime de Cariſel les burleſques douleurs,
Et ris dans Pourceaugnac du Trio des Docteurs.

Enfin donnant l'effort à ſon vaſte Genie,
Et d'un ſtile plus fort maniant l'harmonie,
Par des ſoins redoublés Lully ſe prépara
A placer ſur la ſcêne un pompeux Opera.
La fortune pour lui ceſſant d'être cruelle
Lui traça dès l'inſtant une routte nouvelle,
D'un privilége utile & de mille bien faits
Louis ſçut prevenir ſes avides ſouhaits,
Et malgré les efforts d'une troupe ennemie (a)
Honora ce Concert du nom d'Academie.

Cad-

(a) *Les Comediens François.*

Cadmus parut d'abord sous un noble appareil;
Il se vit couronné d'un succez sans pareil.
Alceste qui suivit, Isis, Psiché, Thesée,
Atys, Bellerophon, Proserpine, Persée,
Phaeton, Amadis, Roland le furieux
Porterent de Lully le nom jusques aux Cieux.
Armide qu'il conçut dans des douleurs cruelles (a)
Lui fit enfin cueillir des palmes immortelles.
Sur les bords Phrigiens tel un Cygne aux abois
Enchante les Echos par sa mourante voix.

Avoüons-le: jamais la nature féconde,
D'un plus rare talent ne fit present au monde:
Dans ses heureux transports toûjours noble, élevé
Il fut pour le Théatre un modèle achevé.
Sacrifices, Tombeaux, Enchantements, Orages,
Tout nous trace chez lui de fidelles images:
Tout est fondé, suivi, rien ne marche au hasard,
Et chaque acte renferme un Chef d'œuvre de l'Art.
Les Fêtes de Psiché, les tristes Chants des Ombres
Que trouble Proserpine en leurs demeures sombres,
(b) Meduse & (c) les soupirs du tendre Dieu des bois,
La (d) Pithie & l'Oracle anoncé par sa voix,
Le Tombeau d'Amadis, les Duo, le Prologue,
Les Chœurs de Phaeton, les Airs, le Dialogue,
Les Songes, le Sommeil, le Desespoir d'Atys,
Armide presqu'entier n'auront jamais de prix.
Tant de riches Tableaux brillent d'une peinture
Où la force de l'Art égale la nature.
Dans les bornes du vrai sans cesse different
Son Recitatif plaît, attendrit, ou surprend;
Il est également, ou touchant, ou sublime,
Son Ballet même émeut, caracterise, exprime,
Sous de simples desseins son savoir deguisé
N'offre rien dans ses Chœurs que de noble & d'aisé;

(a) *Pendant son operation.* (b) *Dans Persée.* (c) *Dans Isis.* (d) *Dans Bellerophon.*

C'eſt par ces traits divers qu'au Temple de mémoire,
Les Muſes à jamais ont conſacré ſa gloire.

Mais à quelque degré que ſon Art l'ait porté
Quinault doit partager ſon immortalité.
Ces mouvemens ſecrets d'horreur, de jalouſie,
Dont l'image épouvante & dont l'ame eſt ſaiſie,
Ne ſe doivent pas moins à la force des vers,
Aux ſituations, aux ſpectacles offerts.
Du ſtile Ingenieux, de la ſage conduite,
Du jeu de qui la ſcêne emprunte ſon merite,
Naiſſent les doux tranſports dont le beau ſexe épris
Aux plus vulgaires ſons donnent ſouvent le prix.

L'Opera de deux ſœurs eſt le ſçavant ouvrage,
Où l'effort de leur Art à l'envi ſe partage;
Melpomène d'un ſtile & libre & peu chargé
Y doit peindre un ſujet ſagement menagé.
A bien rendre le ſens Polimnie attachée
Doit moduler des ſons dont l'ame ſoit touchée.
Quand on peut allier leurs differens appas,
Quels charmes cet accord ne raſſemble-t'il pas?
Mais comment Melpomène, à des chants aſſervie
Peut elle ſoutenir une intrigue ſuivie?
L'Opera n'eſt au fond qu'un Poëme imparfait,
Ce n'eſt que par lambeaux qu'on ſaiſit le ſujet.
Les divertiſſemens dont chaque acte ſe pare;
Harmonieux détours où nôtre eſprit s'égare,
Par leurs jeux imprevus coupent l'evenement,
Avec peine on le ſuit; le plus beau denoüement
Où ſouvent l'action bruſquement ſe termine
Ne ſe doit qu'au ſecours d'un Dieu dans ſa machine.

Quinault ſeul de cet Art penetra les ſecrets,
Tous ſes mots pour les ſons ſemblent s'offrir exprez,
Sa diction toûjours facile & naturelle
Trace de ſa penſée une image fidelle.

Ce

Ce qu'il conçoit s'explique avec fécondité,
Son tour est doux, lyrique & n'est point emprunté.
Sa scêne se soutient dans toutes ses parties,
Son Dialogue est plein de justes reparties:
Enfin c'est par Quinault qu'animé, soutenu;
Au comble de son Art Batiste est parvenu,
Sans Batiste, Quinault n'eût point atteint la Place
Qu'avoué des neuf sœurs il ocupe au Parnasse;
Mais leurs rares talens l'un par l'autre embellis
Du Theatre harmonique éternisent le prix.

CHANT SECOND.

VOus donc qui pleins du feu qu'Apollon vous inspire
Voulez unir vos vers aux doux sons de sa lyre,
De vos doctes travaux choisissez pour objet
Une fable connue, un fertile sujet,
Dont le dessein conduit avec ordre & sagesse
Dans sa varieté réjouisse, interesse.
Que le nœud preparé dès le commencement
Par un simple progrez conduise au denouëment;
Que l'action soit une, & que chaque partie
A celle qui la suit étroitement se lie;
Que tout au même but forme un heureux concours,
Qu'un Episode froid n'en trouble point le cours.
De nobles incidens enrichissez l'intrigue,
Trop simple elle assoupit, obscure elle fatigue;
Offrez au spectateur ardent à s'attacher
Des situations qui le puissent toucher.
Sur deux Dieux amoureux étincelants de gloire
J'aime à voir un (a) mortel remporter la victoire.
L'ame fremit du coup qu'Armide va porter
Dans le sein du Heros qu'elle sçut enchanter.
On s'émeut à l'aspect du poison parricide
Qu'à son fils inconnu presente un Roi perfide. (b)
Que vos scênes sur tout brillent de sentimens
D'où naissent dans le cœur d'impreveus mouvemens;

A 4 Faut

(a) *Dans Thetis & Pélée.* (b) *Egée dans Thesée.*

Faut il peindre un transport de desespoir, de rage,
Les plaintes d'un amant qu'on trahit, qu'on outrage.
Du seul recitatif cherchez l'expression,
Un air trop mesuré fait languir l'action.
Si de deux confidents la scêne moins émeüe
N'a rien d'impetueux dont l'image remue,
Qu'un dialogue alors en maximes formé,
De brillantes chansons soit par tout animé;
Qu'avec choix, qu'avec Art vos fêtes amenées
Au nœud de l'action paroissent enchaînées,
Et fassent au milieu des danses & des jeux
Eclore l'appâreil d'un spectacle pompeux.
De vos vaines fureurs calmez la violence,
La lyre dans ses Chants veut moins de vehémence.
Imitez de Quinault le stile gracieux,
La vive netteté, le tour ingenieux.
Empruntez s'il se peut le feu de ses repliques;
Que vos vers soient formez de mots doux & lyriques.
D'un long recitatif évitez la langueur,
De quelques sentimens qu'il penetre le cœur:
Quel que soit de son Chant le pouvoir harmonique
Il ne devient jamais un effort de Musique.
C'est la foible partie où l'Art melodieux
Se montre plus sterile & moins laborieux.
Lully qui le premier en traça la maniere,
N'en épuisa-t'il pas l'infertile matiere?
Après lui dans ce genre est il des chants nouveaux
Qui puissent des Autheurs signaler les travaux?
Mais le public outré dans son caprice extrême
Ne se trouve jamais d'accord avec luy même.
Colasse de Lully craignit de s'écarter,
Il le pilla, dit-on, cherchant à l'imiter.
Marais suit une route & diverse, & sçavante,
Son audace déplaît, son sçavoir épouvante.
Ainsi dans son genie un moderne enchaîné
Ne produit plus qu'un chant ou vulgaire ou gêné,
Et n'ose sur un mot hazarder un passage
Dont Batiste autrefois ait ignoré l'usage.

La

L'a chute des Autheurs, & le funeste sort
Qui suivit tant de fois leur inutile effort
Oppose à leur ardeur une juste barriére,
Aucun d'eux ose à peine entrer dans la carriere;
Tandis qu'en vain contr'eux le public soulevé
De nouveaux Operas se plaint d'être privé.

Cependant tel qu'on voit un vaisseau dans l'orage
Des ondes en courroux braver l'affreuse rage,
Et traversant des flots les abismes ouverts
Terminer dans le port mille travaux soufferts,
Tels sur les flots bruyants de la mer harmonique,
Au travers des écueils de la scêne lyrique,
La France a veu du sein de ses auteurs nouveaux
Au gré de la fortune échaper des morceaux,
Dont les heureux desseins & dont la simphonie
Firent luire à nos yeux quelques traits de genie.

Quand la Parque tranchant le fil des plus beaux jours,
Des progrez de Batiste eut arrêté le cours,
Colasse encor frappé de sa perte funeste
(a) D'Achille commencé sçut achever le reste.
Du malheureux Priam l'excessive douleur
N'y parut point l'essai d'un témeraire Auteur,
Enée & Celadon par leur chute subite
Obscurcirent l'éclat de ce naissant merite:
Mais Thetis assurant son Art & son savoir
Du Théatre allarmé fit revivre l'espoir,
Et les traits éclatants que l'on y vit paroître,
Egalerent l'élève à son illustre maître.
Vertumne deployant de pathetiques sons
Soutint encor son nom dans les quatre saisons.
Sa fortune depuis tombée en decadence
Sembla sur son genie attirer l'indigence,
Et l'Autheur de Thetis ne se reconnut plus
Dans Canente, Jason, Polyxene & Venus.

(a) *Il étoit commencé par Lully.*

Elevé tout à coup par l'Europe Galante
Du public empressé Campra combla l'attente ;
De peuples differens l'assemblage nouveau
Y brilla des couleurs d'un fidele pinceau.
Venus dans Hesione étala mille charmes,
Dans Tancrede l'amour fit répandre des larmes ;
Le travail éclatant d'un Chœur harmonieux
Fut (a) dans son Carnaval un œuvre pretieux.
D'un Poëte enjoué sécondant l'entreprise
Il hazarda des jeux empruntez de Venise, (b)
Et sans qu'à son savoir il en coutât d'effort
Ne dut qu'au sujet seul un favorable sort.
Ses autres Opera foibles fruits de sa muse
Tels qu'Alfée aux enfers suivirent Arethuse. (c)

Des Marais inspiré dès ses plus jeunes ans
Donna quelques essais de ses nouveaux talents.
(d) L'aveu trop indiscret d'un travail infertile
Le perdant à la Cour l'attira dans la Ville.
Didon, Iphigenie, & le tendre Adonis
Fixoient déja pour luy tous les vœux reunis,
Lors que pour l'arracher à l'horrible tempête
D'un arrêt foudroyant qui menaçoit sa tête,
L'amour qui dans le crime avoit guidé ses pas
Prit soin de le porter en de lointains Climats. (e)

Marais de qui la main toûjours égale & seure (f)
Fut des vrais mouvements la plus juste mesure,
Sur la scêne trois fois malgré ses envieux
Merita des savants l'aveu judicieux.
De son charme infernal la sombre simphonie
Repandit dans Alcide une riche harmonie.
D'Alcione troublant l'Hymen & le repos
Sur les pas de Colasse il souleva les flots.

Les

(a) *Le Carnaval de Venise* (b) *les Fêtes Venitiennes.* (c) *opera de Campra* (d) *il avoua au Roy qu'il faisoit les motets d'un des maîtres de la Chapelle.* (e) *Il est en fuite.* (f) *Il Battoit la mesure à l'Opera.*

Les sens furent émeus du bruit de sa tempête;
Enfin dans Semelé sa quatriéme Fête,
Les Balets, la Chaconne, Et les magiques jeux
D'un travail obstiné furent les fruits heureux.

A peine instruit dans l'Art de chiffrer une Basse
Destouches sçut percer une routte au Parnasse,
Et secouru des soins & du savoir d'autruy
S'attira de la Cour le favorable appuy.
D'un Chant passionné l'expression fidelle
Anima ses récits d'une force nouvelle.
Les accents de Dodone, Issé dans le sommeil
D'un spectacle touchant offrirent l'appareil.
Marthesie, Amadis, Omphale, la Folie
Laisserent entrevoir quelqu'heureuse saillie,
Et firent desirer que cet autheur nouveau
Des Muses eût succé le laict dès le berceau.

En vain d'autres autheurs sur la scêne tragique
Hazarderent l'essay de leur veine harmonique,
Leurs Opera bien-tôt & leurs noms detestez
Dans le gouffre d'oubly furent precipitez.
C'est ainsi qu'éprouvant le triste sort d'Icare
Tomberent & B. . . . . & L. G. . . . Et L. . . B.
T. . . . R. . . . . . & même Charpentier
Qui du temple sacré prophanant le sentier
Répandit dans Medée avec trop d'abondance
Les charmes déplacez d'une haute science.
De tant d'ouvrages vains le trop frequent débris
Des premiers Opera sçut rehausser le prix.
D'une commune voix Paris les redemande,
A les suivre d'abord l'impatience est grande:
Mais quel que soit l'attrait dont ils charment les sens,
Ils trainent après eux le grand defaut des ans.
Depuis un demy siecle ils amusent la France,
On en est rebattu dès sa plus tendre enfance.
A quelle extrémité, Ciel! sommes nous reduits?
D'un Art toûjours nouveau quels seront donc les fruits?

Nous verrons nous bornez dans la soif qui nous presse
A quelques Opera qu'on épuise sans cesse?
Ainsi que Jupiter du creux de ton cerveau
Phœbus enfante donc un Amphion nouveau,
Qui moins soumis aux loix d'un stile plagiaire
Ouvre à nôtre Musique un chemin moins vulgaire;
Et qui de l'Italie empruntant quelques feux
De nos Chants & des siens fasse un mélange heureux.
De la langue déja penetrant les mistéres
Batistin s'asservit à ses regles austéres,
Et deux fois anonça quel doit être le fruit
D'un Art ingenieux par deux muses conduit.
Ah! cessez, direz vous, c'est à tort qu'on nous vante
De vos Ultramontains l'audace extravagante.
Leur goût sauvage & dur se peut il suporter,
Et peut on aplaudir leur façon de chanter?
Ces éclats bondissants; ces hoquets, ces passages
Ont ils droit d'usurper nos vœux & nos suffrages?
De leur sage grandeur tous nos airs degradez
D'un déluge de sons seroient donc inondez.
C'est ainsi cher Damis que tout François raisonne,
Enflé du faux pouvoir que son orgueil lui donne.
Il blâme, il avilit avec temerité
Tout ce qui dans nos mœurs paroît inusité.
Tel & moins sage encor à vingt ans un jeune homme
D'un air presomptueux se presente dans Rome
Et de la langue à peine entendant quelques mots,
Traite tous les Romains d'ignorants & de sots.
Ah! quel maudit jargon, quelle étrange grimace?
Fut il jamais un Chant plus denué de grace?
Dans quels détours affreux ose-t'il s'égarer?
Au Chant de nos François se peut il comparer?
Pour vous mon cher Damis detestant ce caprice,
A l'Italique goût rendez plus de justice:
Sans le connoître au moins ne le condannez pas,
Et souffrez qu'à vos yeux j'étale ses appas.

CHANT

CHANT TROISIEME.

ROme dont l'Univers adora la puissance
Fit regner dans son sein les Arts & l'opulence.
Les Grecs industrieux redoublant leurs travaux
Y portoient à l'envy des chefs-d'œuvres nouveaux;
Et les Romains formez sur leurs savants modèles
Devinrent après eux des Zeuxis, des Apelles.
Peintres, Musiciens, Architectes, Sculpteurs,
Rheteurs, Grammairiens, Poëtes, Orateurs
Par mille monuments consacrant leur memoire
De Rome triomphante, augmenterent la gloire.
Ce fut le temps heureux où les Arts liberaux
En foule repandus en differents canaux,
De leurs brillants tresors enrichirent le monde
Et Rome en fut alors une source feconde.
Mais les Romains dechus de leur haute splendeur
Perdirent les beaux Arts en perdant leur valeur,
Lâches, effeminez, livrez à la molesse
Ils subirent le joug d'une indigne foiblesse,
Et les vices plus forts que leurs fiers ennemis
Vangerent l'Univers ou tremblant ou soumis.
Enfin de leurs erreurs leurs ames detrompées,
D'un trait victorieux soudain furent frappées,
t sensible à la grace, instruite par la Foy
De l'unique & vray Dieu Rome suivit la loy.
on antique grandeur à l'immortel soumise
Servit de fondement au Thrône de l'Eglise,
es autels que l'erreur élevoit aux faux Dieux
umerent pour luy seul d'un encens pretieux.
es Temples raisonnoient du bruit de ses louanges;
es fideles Chrétiens à l'exemple des Anges,
ar des cantiques saints exhalant leur ferveur
onsacroient & leur temps & leur voix au Seigneur.
'eurs Chants à l'unisson formez sans melodie
'étoient aux premiers temps que simple psalmodie.

Differents instruments admis dans les saints lieux
Ouvrirent une routte aux Chants harmonieux,
Et le zéle pieux vainqueur de l'ignorance
De la Musique enfin recouvra la science.
Heureux si ce grand Art long temps ensevely
A l'honneur de Dieu seul eût été retably:
Mais le vice bien-tôt affoiblissant ce zele
Il devint l'instrument d'une ardeur criminelle.
On fit l'amour en Chant & son secret poison
Par des sons doucereux seduisit la raison.
On eût dit que ce (a) Mont qui vomit tant de flâmes
Des peuples d'alentour eût embrazé les ames.
L'empire de l'amour s'accrut de jour en jour,
La Musique suivit le progrez de l'amour.

L'Italie est son centre & le goût s'en inspire
Avec l'air enflamé qu'en naissant on respire:
En Chantres renommez ce Climat est fécond
Chaque Bourg, chaque Ville en produit de son fond;
Les Princes cherissant la science harmonique
En forment à leur Cour un Corps Academique;
Par le charme des sons les peuples sont seduits
Et cet attrait puissant souvent les a reduits
A souffrir sans horreur qu'un effort plein de rage
De leur humanité leur arrachât le gage.
L'air retentit au loin d'harmonie & de Chant
Tout flate, tout anime un si noble penchant.
Dans un coin fortuné l'onde qui les resserre
Semble les garantir des fureurs de la guerre;
D'un soleil penétrant la vive impression
Les embraze d'un feu prompt à la fiction;
Et leur langue legere amoureuse ou badine
Authorise le jeu que l'esprit imagine.
Sous le masque tragique, un superbe Opera
Pour la premiere fois dans Rome se montra.
Par son Art seduisant l'ingenieuse Optique
Y seconde à l'envy la docte Mecanique.

Les

(a) *Le Mont Vezuve.*

Les changements, les vols vivement inventez
Par des ressorts hardis y sont exécutez.
Aux accents d'une voix fierement déployée
L'ame se sent fremir, l'oreille est foudroyée.
D'un Theatre profond remplissant la grandeur
Ses sons vifs & perçants vont ébranler le cœur.
Tantôt c'est une voix flexible & naturelle
Qui fait briller d'un Chant la justesse fidelle,
Ou par le trait nouveau d'un passage leger
Avec force s'élance & voltige dans l'air.
Tantôt c'est une voix diffuse sans mesure,
Qui formée aux depens de la propre nature
Tire de l'impuissance un vigoureux éclat,
Et forme une vertu d'un coupable attentat.
Prodiguant de son sein l'inépuisable haleine
Cet acteur mutilé pousse des sons sans peine,
Redouble une cadence & la bat à grands coups,
Y mêle tour à tour & le fort & le doux,
Et ne finit enfin une longue tenuë
Que par des sons aigus qui vont percer la nuë.
Paré d'attraits nouveaux chaque Air differemment
Sur des tons imprevus modulé savamment
Dans son expression affecte un caractere,
Un dessein en devient l'ornementnecessaire,
Par tous les instruments ce dessein imité
Du dessus dont il naît, releve la beauté.
La Basse quelquefois par une Ritournelle
De la voix qu'elle suit se rend l'Echo fidelle,
Ou sur un même mode où le Chant est rangé
Roule dans l'harmonie un dessein obligé. (a)
Dans les sons recherchez d'un stile cromatique,
S'il s'agit de traitter un sujet patetique,
Mille accords dissonants par leur proximité
Reveillent dans le cœur la sensibilité:
La modulation sur des Chordes savantes
Rend les expressions & vives & touchantes.
Quelle richesse enfin & quels deguisements,
Ne prêtent point aux Airs les divers mouvements?

(a) *Terme de l'Art, Basse obligée.*

Cha-

Chaque jour l'Italie en ses modes constante
Fait gloire en cet Art seul de paroître changeante.
Du sein ingenieux de sa fecondité
Il s'eleve sans cesse un air de nouveauté.
Heureuse si toûjours à sa riche harmonie
Du Théatre François la grace étoit unie:
Mais du stile, il est vray, la sage pureté
N'y rend point un sujet dans son ordre traitté.
Les règles de la scêne au caprice immolées
Par des traits monstrueux s'y trouvent violées.
Jamais du spectateur fixant l'attention
Un Dialogue vif n'expose d'action.
Le spectacle desert n'y montre qu'un beau vuide,
On n'y voit point briller dans un ordre splendide
Cette suite d'acteurs vêtus superbement
Qui forment parmy nous un divertissement.
Peu dociles aux loix du bel Art de la danse
Chez eux jamais Ballet n'a sa juste cadence,
Et de leurs violons les divers mouvements
Ne servent à leurs Airs que d'accompagnements.

Depoüillant l'Opera d'une langueur stérile;
Scarlatti le premier en releva le stile.
Par une routte neuve il s'éleve, il surprend,
Souvent il atteignit le sublime & le grand.
Aux bords Napolitains la juste renommée
Soutint de Mancini la (a) vertu confirmée.
Par les tours déguisez d'un stile plus nerveux
Bononcini de loin les devança tous deux.
Ses Basses & ses Chants de mille graces brillent;
De sons etincelants ses violons petillent.
Albinoni guidé par l'unique plaisir, (b)
A Venise repand les fruits d'un doux Loisir.
Sous leur main chaque jour naît quelque fleur nouvelle,
Tantôt se signalant dans le goût de Chapelle,
De deux desseins heureux sages distributeurs,
Ils portent dans le Temple un motet à deux Chœurs,

Tan-

(a) *Mot de l'Art.* (b) *Il n'est pas Musicien de profession.*

Tantôt dans les langueurs d'une tendre Cantate
Leur Art se fait sentir, & leur genie éclate,
L'amant sur un rocher ou près d'un doux ruisseau
S'y vient plaindre aux Echos d'un supplice nouveau.
Quelques Autheurs naissants suivent leur docte trace,
D'autres s'arment en vain d'une insolente audace.
Orgueilleuse Ausonie il le faut declarer
A la honte de ceux que l'on doit reverer,
Mille insectes maudits dont les Villes abondent
De leurs sons vénimeux de toutes parts l'inondent.
Par un nombre d'Autheurs de nos jours redoublé
Je vois sous leurs fureurs ton pays accablé:
Mais fuyez loin de nous Monstres de l'Italie
Qui bravez la raison, qu'aucun devoir ne lie,
Qui sans ordre suivant d'extravagants transports
D'une dure harmonie étalez les accords,
Dont toûjours le genie & confus & barbare
En dépit du bon sens enfante un Chant bizarre,
Ou qui vous ravalant dans un stile plus bas
D'un fade badinage offrez les faux appas.
Les François rebutez de tant de vains ouvrages,
Aux Italiques Chants refusent leurs suffrages,
Et sur un rebut d'airs dans Paris mal chantez
Jugent impunement de toutes ses beautez:
Mais est ce par des Airs que dans Rome on abhore
Qu'on doit se prevenir sur un goût qu'on ignore?

Le Droit de la naissance & l'éducation
Du Chant forment dans nous certaine impression,
Dont sans peine l'esprit ne peut prendre le change.
La nouveauté le blesse & luy paroît étrange,
On hait l'Italien & par d'égales loix
L'Italien deteste un Opera François.
Chacun de son côté s'abaisse, se méprise,
L'un se moque à Paris & l'autre dans Venise;
Mais bien-tôt par le temps le goût acoutumé
De sa prevention ne paroît plus armé,

Et

Et d'un Art étranger l'exacte connoissance,
Détruit les prejugez qu'inspira la naissance.
De la Sonate ainsi reconnoissant le prix
Par un docte progrez en France on fut épris.
Déja par ce chemin l'orgueilleuse Italie
A versé sur nos sens son aimable folie.
Corelli par ses sons enleva tous les cœurs,
(a) Des deux Muses Michel allia les douceurs.
De Pez, de Marini les sublimes Ouvrages
De nos savants en foule obtinrent les suffrages.
Cinq fois Albinoni fit retentir les airs
Du bruit melodieux de ses brillants concerts.
De tous les amateurs de Musique nouvelle
Tant de riches tresors sont l'étude fidelle,
Et la source féconde où nos recents Autheurs
Puisent d'un beau savoir les graces & les fleurs.
Mais c'est assez vanter la celebre victoire
Où les François vaincus acquirent tant de gloire,
Voyons dans le progrez de nôtre Chant nouveau
Quels furent les doux fruits d'un triomphe si beau.

CHANT QUATRIEME

LA Musique est un Art qui tel que la Peinture
Retraçant à nos sens le vray de la nature,
Doit surprendre, émouvoir, & par de doux ressorts
De l'esprit & du cœur exciter les transports.
Elle renferme en soy differentes parties
Qui par un juste accord l'un à l'autre assorties
Doivent faire un ensemble & composer un tout
Où concoure à la fois la science & le goût.
La sage expression, le beau chant, l'harmonie,
Les fugues, les desseins nez d'un fécond genie,
Les doctes contrepoints, les imitations,
Les changements divers de modulations,

L'en-

(a) *Muse Françoise & Italienne.*

L'enchainement des tons, la ſuite des cadences,
L'arangement heureux des riches diſſonances,
L'inépuiſable jeu de mille mouvements
Sont de cet Art divin les brillants ornements,
Qui placez avec ſoin ſous des regles ſeveres
Deviennent pour charmer des beautez neceſſaires.
Mais comme d'un Tableau l'eclatant coloris
N'en doit pas faire ſeul la richeſſe & le prix,
Qu'il faut que du deſſein la ſage exactitude
Donne à chaque figure une vraye attitude,
Qu'un ſujet embelly de nobles fixions
Frappe l'oeil & le cœur par ſes expreſſions
Et reuniſſe en luy la force & la parure
Que doit aux yeux ſavants étaler la peinture;
Ainſi divers attraits que l'Art ſçait accorder.
Dans l'œuvre harmonieux doivent ſe ſucceder,
Le beau Chant doit toûjours en être inſeparable,
L'ecole la plus forte eſt ſans luy deteſtable,
Mais ſuffira-t-il ſeul? non, un air paroît nu;
Quand de quelque deſſein il n'eſt pas ſoûtenu.
Le temps de la meſure ou tardive ou legere
En doit differemment peindre le caractere,
La Baſſe avec la voix formant de doux combats,
Par imitation peut marcher ſur ſes pas;
Telle qu'un flot roulant ſon onde continuë
Elle peut du deſſus contraſter la tenue,
Et par un jeu fécond du ſujet emprunté
Donner à tous les airs des traits de nouveauté.

La Muſique Françoiſe a l'heureux avantage
De n'enfanter jamais un ſon dur ou ſauvage,
La douceur & la grace accompagne ſes Chants,
Ils ſont tendres, flatteurs, expreſſifs & touchants.
Ses puiſſantes beautez ſur l'harmonique ſcêne
D'un Opera Romain triompheroient ſans peine,
Si ſes airs plus nouveaux, plus caracteriſez,
Offroient plus de deſſeins & des Chants moins uſez.

Les

Les graces de l'ensemble y sont mieux départies,
L'un est beau dans son tout ; l'autre dans ses parties,
Nôtre Musique enfin toute simple qu'elle est
Devient riche au Théatre & sa sagesse y plaît:
Mais si tôt qu'à nos yeux d'action depourvue
Elle s'offre de près, elle devient si nuë
Que dès que de la Scêne elle a perdu le fard
On n'y reconnoît plus les richesses de l'Art.
D'un sentier trop battu detourner la cadence
C'est faire à nôtre oreille une coupable offense,
Sur deux (*a*) chordes du ton regnant obstinement
La scêne n'admet point d'autre déguisement,
Entre les mouvements la ressemblance est grande
Tout air est Menuet, Gavotte ou Sarabande.

Quiconque donc touché du pouvoir des accords
Veut de cet Art fecond épuiser les tresors
Trouve dans l'Opera d'inévitables vuides.
Pour contenter l'ardeur de ses desirs avides
Il faut qu'un Art plus fort qui se ressemble moins
Nourisse son étude & reveille ses soins.

Cette pressante ardeur que l'exemple (*b*) fit naître
Forma le goût savant que Paris voit s'accroître.
Nos Chants trop amolis d'une fade langueur
D'un caractere fort y prennent la vigueur.
Il semble que par luy tout l'Art de l'Italie
Au nôtre s'accommode & se reconcilie.
D'un pieux amateur (*c*) le zele curieux
Dans la France attira des motets precieux,
Qui traçant à nos Chants une routte nouvelle
A nos Auteurs naissants servirent de modelle:
D'ouvrages renommez il forma son concert,
De tous les Connoisseurs il fut l'azile ouvert.
Les executions vives & difficiles
Firent dans l'Art du Chant des élèves habiles,

(a) *La tierce & la quinte.* (b) *De la Musique Italienne.* (c) *Le Curé de S. André des Arts.*

Et le latin offrant plus de fécondité
Dans un tour tout nouveau ſavamment fut traitté.

Charpentier revêtu d'une ſage richeſſe
Des cromatiques ſons fit ſentir la fineſſe,
Dans la belle harmonie il s'ouvrit un chemin,
Neuviémes & tritons brillerent ſous ſa main.
De ſons diminuez Broſſard formant ſes Baſſes
Fit luire en ſes deſſeins de petillantes graces.
Lallouette ennemy des Italiques loix
Aſſervy malgré luy s'y ſoumit quelquefois.

(a) La Lande triomphant d'un prejugé rebelle
A la Cour attira cette façon nouvelle.
Ses violons brillants enchaſſez dans ſes Airs
Font éclorre à propos mille deſſeins legers.
Le caractere vray regne dans ſon ouvrage,
Chez luy chaque verſet rend une vive image,
Il exprime avec force & ſes Chœurs gracieux
Jettent autant d'éclat qu'ils ſont harmonieux.
Trop heureux ſi ſuivant ſa verve toute entiere
A ſon vaſte genie il eût donné carriere;
Mais ces riches talents par égard retenus
Enfantant des beautez en cachent encor plus.

Campra chargé d'accords moiſſonnez à Toulouze
Allarma dans Paris une brigue jalouſe,
Qui par de vains efforts oſa luy diſputer
Une place qu'il ſçut de plein vol emporter. (b)
De ſes premiers motetz le debut favorable
A ſes rivaux déja le rendoit redoutable,
(c) Si ſon zele pieux follement rallenty
Par un retour honteux ne ſe fût dementy.
De Bernier chaque jour la vertu ſans égale
Par des recueils divers dans Paris ſe ſignale,

Il

(a) *Surintendant de la muſique du Roy.* (b) *De Maître de Muſique de Nôtre Dame.* (c) *En quittant Nôtre Dame.*

Il en fait le plaisir, l'amour & les attraits;
L'on s'arrache à l'envy le moindre de ses traits;
Rome revere en luy l'ornement de la France,
La France admire en luy l'Italique Science.
Sous sa main ces deux goûts semblent se reunir
Et par luy la querelle est prête de finir.
Jamais son harmonie ou trop dure ou trop lâche
Par mille libertez du vray ne se relâche,
Un Motet à deux Chœurs funebre & solemnel (a)
De son profond savoir est le gage immortel.

C'est en vain qu'à tromper longtemps acoutumée
Par tes bruyantes voix injuste rénommée,
En faveur de Lully prevenant les esprits
D'un semblable Motet (b) tu nous vante le prix.
Sur les autres Auteurs signalant sa victoire
Au Théatre à ton gré, va celebrer sa gloire,
Mais ne l'éleve pas dans un Ouvrage saint
Au rang où dans ce temps les Autheurs ont atteint.
Plus feconde aujourd'huy la Musique Latine
D'un Art laborieux étale la doctrine
Dont on voit chaque jour s'accroître les progrez.
A l'Italie encor attaché de plus prez
Morin en imita la brillante maniere,
Des mouvements nouveaux il franchit la barriere.
Dans la France deux fois ses Motets aplaudis
Rendirent son genie & ses vœux plus hardis,
Prenant du Chant François la route plus ingratte
Il osa le premier exposer la Cantate.
A ce nouvel aspect tout Paris revolté
Sembla fremir d'abord de sa temerité.
Cependant revenu d'une frayeur extrême
Le public mieux instruit se vid forcé luy même
D'admirer dans le cours d'un sujet détaché (c)
Le travail élegant d'un Art plus recherché.

No-

(a) *Le Déprofundis chanté aux Feuillants.* (b) *Le Deprofundis de Lully.* (c) *La Cantate.*

Notre langue il est vray plus dure & moins lyrique
N'a que de certains mots propres à la Musique,
Une seule sillable en s'offrant de travers
Renverse d'un dessein les mouvements legers.
De nos mots feminins les bizarres entraves
Y gênent les auteurs de la raison esclaves,
Mais lois qu'à les placer l'Art se rend scrupuleux
Les passages, la fugue & les desseins heureux
Peuvent dans la Cantate entrer avec adresse
Et donner à ses Airs une noble richesse.

Batistin à la grace alliant le savoir
D'un facile genie y montra le pouvoir,
Et se formant un stile harmonieux & tendre
Dans nôtre goût François avec Art sçut descendre.
Bernier du premier trait de sa savante main
Eleva ses transports au vray stile Romain.
Par de lugubres sons Clerambaut aux lieux sombres
Attendrit savamment le souverain des ombres. (a)
Tout autre dans Paris n'eut qu'un foible succez
D'un delire fougueux suivant le fol accez.
En vain quelques auteurs à l'Envy s'animerent,
Sur la Cantate en vain leurs plumes s'escrimerent;
Chez eux elle ne fut dans ses sauvages traits
Qu'un mélange forcé de deux goûts imparfaits.
Tel est de nos François le deffaut ordinaire,
L'un suit d'un stile bas la route plagiaire,
L'autre tumultueux à force de fracas
De la fausse Italie emprunte les appas.
Est ce dans le cahos d'un dessein difficille
Que l'on seduit les sens ou qu'on se montre habille?
Dans l'extrême fureur où s'emportent les doigts,
La Musique souvent perd ses plus riches droits.

Si la confusion regna dans les Cantates,
Où ne fut point porté le trouble des Sonates?
L excez impetueux de leur vivacité
N'eut que le prix trompeur de la difficulté,

(a) *Dans Orphée*.

Et

Et des Ultramontains frondant le goût barbare
Le François s'y montra luy même plus bizarre.
Tout luy cede il est vray dans l'Art d'executer,
Au torrent de sa main rien n'ose resister,
Les accords qui jadis le mirent à la gêne
Sous ses doigts foudroyants semblent naître sans peine.
(a) Deux émules fameux que l'éclat de la Cour
D'un zele ambitieux anime tour à tour,
A l'envy suspendant une égale balance
Y versent à longs traits leur profonde science.
D'un instrument pareil usant differemment
Marais & Forqueroy dans l'accompagnement
Excitez par l'espoir d'un jaloux avantage
De Paris incertain disputent le suffrage.
De sons harmonieux leurs élèves nourris,
Aux accords les plus fiers se rendent aguerris,
Et sur des nouveautez exerçant leur audace
Par l'execution s'élevent au Parnasse.

Tels sont donc cher Damis, les doctes ouvriers
Qui du sacré Vallon partagent les lauriers,
Et telle est la moisson que produisit en France
Des Italiques sons la premiere semence.
Que tardes tu Phœbus? Viens reunir deux sœurs, (b)
Repand egallement sur elles tes faveurs,
Coupe à leurs vains debats une source importune.
Dans de savants motets qu'une langue commune
Sous les loix du bon sens & de l'expression
Excite chaque jour leur émulation.
Que chacune s'offrant le tribut de l'estime
Ne se refuse plus un encens legitime.
La Musique n'est qu'une & ses mêmes accords
Par tout doivent former de semblables transports.

FIN.

(a) *Couprin & Marchand Organistes d*

(b) *Muses Françoise & Italienne.*

www.ingramcontent.com/pod-product-compliance
Ingram Content Group UK Ltd.
Pitfield, Milton Keynes, MK11 3LW, UK
UKHW021041260726
13994UKWH00005B/2299